Maria Pareth

W0072189

Spontane Gelage

für Couchpotatoes

+ Fernsehfreaks

Rezeptfotos: *Studio R. Schmitz*

Inhalt

Nicht ohne meinen Fernseher!

Aha, Sie gucken nicht immer alleine, sondern laden sich dazu Freunde ein. Fiebern Sie dann gemeinsam bei Fußball, Olympia und Formel 1? Treffen Sie sich serienmäßig zu Lindenstraße, Star Trek & Co? Oder gehören Sie zu den Freaks, die sich zum 100. Mal Casablanca reinziehen und jeden Dialog mit-

sprechen können? Wenn Ihnen die Chips und Peanuts schon zum Hals raushängen, müssen Sie unbedingt weiterblättern. 53 filmreife Rezepte für jeden Anlaß. Für viele braucht man nicht mal Besteck, alle sind ganz schnell gemacht oder gut vorzubereiten. Denn Sendezeit ist kostbar. Die Zutaten sind so ausgewählt, daß man nicht in x Geschäfte laufen muß. Vieles läßt sich sogar aus dem Vorrat zubereiten. Die spontanen Gelage für Fernsehfreaks und Couchpotatoes bieten Ihnen 5 Programme für 5 verschiedene Fernsehanlässe. Weil die »Muffins à la Marilyn« natürlich auch dem Formel-1-Fan schmecken, und Zappen sowieso in ist, treffen Sie Ihre Wahl am besten nach dem Rezept-Wegweiser auf Seite 76/77. Dort finden Sie alle Rezepte mit ihren wichtigsten Eigenschaften. Also dann: Freunde einladen, Rezept und Programm auswählen, einschalten – und Film ab!

Die Kiste Bier schon ein-
gekauft? Gut. Und was
gibt es zur Stärkung?
Vielleicht zum Aufwärmen
die Frischkäse-Bälle? Oder
lieber Halbzeit-Brötchen
und dann Schinkenrollen
in der Verlängerung?
Servietten in Mannschafts-
farben dazulegen und
Schlachtgesänge anstim-
men. Geschirr und Besteck
sind nicht im Spiel!

Fußballfieber –
ausnahmsweise
ein Handspiel

Frischkäse-Bälle

Foto S. 6/7

bringen die Stimmung ins Rollen

1. Aus dem Frischkäse zwischen angefeuchteten Handflächen walnußgroße Bällchen formen.
2. Die Frischkäse-Bälle mal in Paprika, mal in Pfeffer oder Pistazien wälzen und – damit's richtig appetitlich aussieht – in Pralinenförmchen setzen. Einwurf verboten!

Zutaten:

**200 g Doppelrahm-Frischkäse, Paprika
grob gemahlener Pfeffer
2 EL gehackte Pistazien
Papierförmchen für Pralinen**

 10 Min.

Pro Portion:
ca. 160 Kalorien

Crostini in Windeseile

damit man den Anpfiff nicht verpaßt

1. Das Brot kurz antoasten, bis es schön goldbraun ist.
2. Mit der Entenleber-Paté bestreichen und mit den Kapern (am besten schmecken die kleinen) bestreuen.

Ein Tip: Es muß nicht unbedingt Entenleber-Paté sein, Kalbsleberwurst schmeckt auch sehr lecker!

Zutaten:

**4 Scheiben Weißbrot
(nicht zu dünn)
80 g Entenleber-Paté
(Fertigprodukt)
2 EL Kapern**

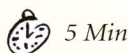 *5 Min.*

Pro Portion:
ca. 110 Kalorien

Schiedsrichters Käseröllchen

ohne Verwarnung genießen

Zutaten:

1/2 Bund Basilikum
6 sehr dünn geschnittene
Scheiben Greyerzer Käse
100 g Doppelrahm-
Frischkäse
2 EL gehackte Pistazien
Salz
Pfeffer
Paprika

 15 Min. +
3–4 Std. Kühlzeit

Pro Portion:

ca. 215 Kalorien

Bevor's richtig losgeht:

Basilikumblätter waschen, abtropfen lassen und fein hacken
Vom Käse die Rinden abschneiden

1. Den Frischkäse mit Pistazien und Basilikum verrühren. Je nach Geschmack mit mehr oder weniger Salz, Pfeffer und Paprika würzen und dann schön gleichmäßig auf den Käsescheiben verstreichen (etwa halbzentimeterdick und nicht ganz bis zu den Rändern).
2. Nun die Scheiben noch schnell aufrollen und dann etwa 3 oder 4 Stunden abgedeckt in den Kühlschrank stellen.
3. Jetzt sind die Röllchen schön fest und lassen sich gut mit einem scharfen Messer in mundgerechte Scheiben schneiden.

Bundesliga-Baguettes
reif für den Meistertitel

Zutaten:

2 Zwiebeln
125 g roher oder
gekochter Schinken
125 g Champignons
4 Eigelbe
400 g geriebener Edamer
(aus der Kühltheke)
Salz
Pfeffer
Muskat
2 kleine Baguettes

 25 Min. +
5–10 Min. Backzeit

Pro Portion:
ca. 655 Kalorien

Bevor's richtig losgeht:
Die Zwiebeln schälen und würfeln
Den Schinken würfeln
Die Champignons putzen und in Scheiben schneiden
Den Backofen auf 200° vorheizen

1. Eigelbe mit geriebenem Käse, den Zwiebel- und Schinkenwürfeln und den Champignonscheiben verrühren. Mit Salz, Pfeffer und Muskat (frisch gerieben schmeckt's am besten) würzen.
2. Von den Baguettes die Oberseiten dünn abschneiden. Aus den Unterteilen den Teig rauszupfen und dafür die Käsemasse einfüllen.
3. Die Baguettes im Ofen nur so lange überbacken, bis der Käse schön geschmolzen ist.

Torhüter-Snack

knabbern beruhigt die Nerven

Zutaten:

4 tiefgekühlte, rechteckige
Blätterteigscheiben (300 g)
2 kleine Zwiebeln
50 g Greyerzer (oder einen
anderen Reibe-Käse)
Backpapier fürs Blech
50 g Bacon-Würfel (Fertigprodukt aus der Kühltheke,
ersatzweise gewürfelter
Frühstücksspeck)
1 Eigelb, 1 EL Milch
Salz, Pfeffer
Cayennepfeffer

 *20 Min. +
20–25 Min. Auftauzeit +
12–15 Min. Backzeit*

Pro Portion:
ca. 430 Kalorien

Bevor's richtig losgeht:
*Die Blätterteigscheiben nebeneinander auftauen lassen
Die Zwiebeln schälen und fein würfeln
Den Käse entrinden und reiben
Das Backblech mit Backpapier auslegen
Den Backofen auf 200° vorheizen*

1. Bacon in einer trockenen Pfanne auslassen, auf
Küchenpapier abtropfen lassen. Die Zwiebeln in der
Pfanne anrösten, bis sie ordentlich braun sind.
2. Die Blätterteigscheiben in ca. 10 cm lange und 4 cm
breite Streifen schneiden. Dann die Enden leicht gegen-
einander drehen.
3. Eigelb mit Milch verquirlen. Die Teigstreifen damit
bestreichen. Dadurch hält der Belag gut und die
Blätterteigstangen werden zum Anbeißen goldgelb.
4. Mit dem Bacon, den Zwiebeln und dem geriebenen Käse
bestreuen, mit Salz, Pfeffer und Cayennepfeffer würzen.
Blätterteigstangen aufs Backblech legen, im Ofen (Mitte,
Umluft 200°) 12–15 Minuten backen und dann knabbern
bis zum Sieg.

Halbzeit-Brötchen

fit für die zweite Runde

Zutaten:

1 Zwiebel
1 Bund glatte Petersilie
400 g gemischtes Hackfleisch, 1 Ei
1 EL eingelegte grüne Pfefferkörner
2 EL Senf, mittelscharf
1 TL Salz, 1 TL Pfeffer
1 TL Paprika, edelsüß
4 große Brötchen
50 g geriebener Emmentaler

 *20 Min. +
15–20 Min. Backzeit*

Pro Portion:
ca. 480 Kalorien

Bevor's richtig losgeht:

Die Zwiebel schälen und würfeln
Die Petersilie waschen, Blättchen grob hacken
Den Backofen auf 200° vorheizen

1. Das Hackfleisch mit Ei, Pfefferkörnern, Petersilie, Senf und Zwiebeln zu einer glatten Masse verarbeiten. Das geht am besten mit den Händen. Mit Salz, Pfeffer und Paprika kräftig würzen.

2. Von den Semmeln einen Deckel abschneiden. Den Teig mit den Fingern aus den Unterteilen rauszupfen und die Hackfleischmasse reinfüllen.

3. Mit dem Emmentaler bestreuen und aufs Backblech setzen. Am Ende der 1. Halbzeit für 15–20 Minuten in den Backofen (Mitte, Umluft 180°) damit. Nach dem Wiederanpfiff genießen.

Stürmers Sauerkrautpäckchen
ein durchschlagender Erfolg

Zutaten:

2 Zwiebeln
1 Knoblauchzehe
100 g geräucherte
Schillerlocken
Backpapier fürs Blech
40 g Bacon-Würfel (Fertigprodukt aus der Kühltheke)
300 g Sauerkraut
4 EL Weißwein
2 EL Schmand oder Quark
1 Eigelb, 50 g geriebener
Emmentaler, Pfeffer
Muskat, Mehl zum Ausrollen
400 g Pizza-Teig (Fertig-
produkt aus der Kühltheke)
Dosenmilch zum
Bestreichen

 35 Min. +
15–20 Min. Backzeit +
30 Min. Abkühlzeit

Pro Portion:
ca. 520 Kalorien

Bevor's richtig losgeht:
Die Zwiebeln schälen und fein würfeln
Den Knoblauch schälen
Die Schillerlocken würfeln
Das Backblech mit Backpapier auslegen
Den Backofen auf 200° vorheizen

1. Bacon in einer Pfanne ohne Fett knusprig ausbraten, auf Küchenpapier abtropfen lassen. Zwiebeln in der gleichen Pfanne im Baconfett andünsten, Knoblauch hineinpressen, Sauerkraut zugeben und Weißwein angießen. Herd auf Volldampf drehen, Flüssigkeit kurz und kräftig einkochen lassen, bis sie fast verdampft ist. Topf vom Herd nehmen.
2. Schmand oder Quark, Eigelb und Käse verrühren, mit Pfeffer und Muskat würzen. Mit dem Bacon und den Schillerlocken unter das Sauerkraut mischen.
3. Etwas Mehl auf die Arbeitsfläche streuen. Den Pizzateig darauf ausrollen und Quadrate von ca. 12 cm ausschneiden. Nur soviel Füllung daraufgeben, daß man die vier Ecken oben noch zu einem Säckchen zusammendrehen kann. Säckchen mit Dosenmilch bestreichen.
4. Sauerkrautpäckchen aufs Blech, Blech in den Ofen (Mitte, Umluft 180°) 15–20 Minuten backen. Vor dem Servieren gut 30 Minuten auskühlen lassen.

Fan-Gebäck

ein Gewinner-Snack

Zutaten:

Backpapier fürs Blech
250 g Mehl
$1/2$ TL Salz
Pfeffer
Cayennepfeffer
200 g geriebener
Emmentaler
200 g kalte Butter
Mehl zum Ausrollen
2 Eigelbe
1 EL Milch
Kümmel
Paprika
Mohn- und Sesamsamen

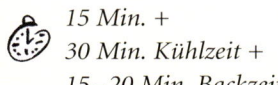

15 Min. +
30 Min. Kühlzeit +
15–20 Min. Backzeit

Pro Stück:
ca. 60 Kalorien

<u>Bevor's richtig losgeht:</u>
Den Backofen auf 180° vorheizen
Das Backblech mit Backpapier auslegen

1. Mehl, Salz, Pfeffer, Cayennepfeffer und Käse mischen, die kalte Butter zugeben und alles zu einem glatten Teig verkneten. Teig in Folie wickeln und für 30 Minuten ab in den Kühlschrank.
2. Etwas Mehl auf die Arbeitsfläche streuen. Den Teig darauf ca. $1/2$ cm dick ausrollen und dann in ca. 5 cm große Quadrate schneiden. Eigelbe mit Milch verquirlen und die Teig-Quadrate damit bestreichen. Je nach Lust und Laune mal mit Kümmel, Paprika, Mohn oder Sesam bestreuen. Die Teigmenge ergibt 2 Bleche.
3. Jetzt kommt das Käsegebäck noch für 15–20 Minuten in den Ofen (Mitte, Umluft 160°) und dann läßt man es am besten auf dem Blech auskühlen, weil's leicht zerbricht. In kleinen Schüsseln auf den Tisch stellen. Vorsicht: Suchtgefahr.

Schinkenrollen in Verlängerung

gut gegen Leistungstiefs

Zutaten:

1 Zwiebel, 500 g gemisch-
tes Hackfleisch, 1 Ei
100 g geriebener
Emmentaler
6 EL Semmelbrösel
1 EL Senf, mittelscharf
Salz, Pfeffer, Paprika
10 Scheiben gekochter
Wacholderschinken (nicht
zu dünn, ca. 400–450 g)
Fett für die Form
60 g Pumpernickeltaler

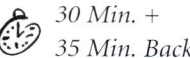 *30 Min. +*
35 Min. Backzeit

Pro Stück:
ca. 65 Kalorien

Bevor's richtig losgeht:
Zwiebel schälen und würfeln
Den Backofen auf 200° vorheizen

1. Das Hackfleisch mit Zwiebel, Ei, Käse, Semmelbröseln und
Senf verkneten. Mit Salz, Pfeffer und Paprika würzen. Fertig!
2. Den Hackfleischteig gleichmäßig dünn auf die Schinken-
scheiben streichen, nicht ganz bis zu den Rändern. Schinken
von der Längsseite her aufrollen und nebeneinander in
eine gefettete Auflaufform legen.
3. Und nun für 35 Minuten ab in den Ofen (Mitte, Umluft 180°).
Mit Alufolie abdecken, damit sie nicht zu trocken werden.
Schinkenrollen in ca. 3 cm dicke Scheiben schneiden und
warm oder kalt auf den Pumpernickeltalern servieren.

Weißbrot im Finale

ein Fall für den Vorabend

Zutaten:

2 Eier
1 Knoblauchzehe
200 g geräucherter Lachs
50 g Gewürzgurken
2 Bund Dill
1 Baguette
200 g Doppelrahm-Frischkäse
3 EL Mayonnaise oder Salatcreme
1 EL Meerrettich
2 EL Tomatenketchup
Salz, Pfeffer
Muskat

 40 Min. +
12 Std. Kühlzeit

Pro Portion:
ca. 550 Kalorien

Bevor's richtig losgeht:

Die Eier hart kochen und fein würfeln
Den Knoblauch schälen
Den Lachs fein würfeln
Die Gewürzgurken fein würfeln
Den Dill waschen, von den Stielen zupfen und hacken

1. Das Baguette an einer Längsseite aufschneiden (Achtung: nicht ganz durchschneiden, nur so weit, daß sich das Brot gut aufklappen läßt).
2. Mit den Fingern den Teig herauszupfen und zusammen mit dem Frischkäse und der Mayonnaise oder Salatcreme pürieren. Das geht mit dem Pürierstab (ist aber etwas anstrengend) oder mit der Küchenmaschine. Die restlichen Zutaten zugeben und alles gut vermischen.
3. Das Baguette möglichst dicht mit der Masse füllen, zusammenklappen und fest mit Alufolie umwickeln. Über Nacht im Kühlschrank ziehen lassen.

Ein Tip: Auch lecker: Statt Lachs gekochten Schinken, statt Meerrettich Tomatenmark, statt Eier ½ gewürfelte Zwiebel und statt Dill und Muskat 1 Bund Schnittlauch.

Treiben Sie die Spannung auf den Höhepunkt! Mit Hackfleisch-Ufos und serienmäßigem Zwiebelkuchen. »Spontane Gelage für Couchpotatoes«, das Buch zur Serie, hat Hintergrundgerichte ausgewählt, die der Gastgeber rechtzeitig zum Sendebeginn aus dem Ofen hervorholt. Die Kultgemeinde liegt ihm zu Füßen, und Folge 324 bleibt unvergessen.

Krimis, Soaps & Science fiction – Serienmäßiges aus dem Ofen

Hackfleisch-Ufos
in Lichtgeschwindigkeit gegessen Foto S. 20/21

Zutaten:

1 Knoblauchzehe
Backpapier fürs Blech
200 g Mehl
1 TL Backpulver
Salz
150 g Magerquark
1 Eigelb
1 Packung tiefgekühlte
Petersilie
5 EL Öl
Mehl für die Arbeitsfläche
100 g tiefgekühlter Brokkoli
150 g Hackfleisch
50 g Pizzatomaten
Pfeffer
Cayennepfeffer

 *30 Min. +
20 Min. Backzeit*

Pro Portion:
ca. 85 Kalorien

Bevor's richtig losgeht:
Den Knoblauch schälen
Das Backblech mit Backpapier auslegen
Den Backofen auf 200° vorheizen

1. Erst mal den Teig zubereiten: Mehl, Backpulver, $1/2$ TL Salz, Quark, Eigelb, die Hälfte der Petersilie und 3 EL Öl verkneten. Etwas Mehl auf die Arbeitsfläche streuen und den Teig darauf zu einem Rechteck (25 x 35 cm) ausrollen.
2. Den Brokkoli gefroren in kochendes Salzwasser geben, 3–5 Minuten garen, abgießen, abtropfen lassen und klein-schneiden.
3. Das restliche Öl in einer Pfanne erhitzen und das Hack-fleisch unter Rühren darin anbraten – appetitlich braun soll's sein. Tomaten, Brokkoli, restliche Petersilie und durch-gepreßten Knoblauch unterheben. Mit Salz, Pfeffer und Cayennepfeffer würzig abschmecken.
4. Den Teig mit der Masse bestreichen, aber nicht ganz bis zu den Rändern. Von der langen Seite her aufrollen, vor-sichtig andrücken und in ca. 2 cm dicke Scheiben schneiden. Die Ufos aufs Backblech und 20 Minuten in den Ofen (Mitte, Umluft 180°) damit. Lauwarm genießen und abheben.

Pausentoast

besser als jede Werbung

Zutaten:

**200 g Thunfisch in Olivenöl
4 Scheiben Vollkorntoast
50 g Röst-Zwiebeln
(Fertigprodukt)
4 Scheiben Toast-Käse
Salz
Pfeffer**

 *5 Min. +
10 Min. Backzeit*

Pro Portion:
ca. 280 Kalorien

Bevor's richtig losgeht:

*Den Thunfisch abtropfen lassen
Den Backofen auf 200° vorheizen*

1. Das Brot kurz toasten, Thunfisch und Röst-Zwiebeln gleichmäßig darauf verteilen, mit Salz und Pfeffer würzen und je 1 Scheibe Käse obenauf legen. Das war's schon.
2. Und nun noch kurz überbacken: Im Ofen (Mitte, Umluft 180°) knapp 10 Minuten.

Serienmäßiger Zwiebelkuchen

geht schnell vom Blech

Zutaten:

**300 g Zwiebeln, 300 g Äpfel
Backpapier, 125 g Mehl
75 g Speisestärke
4 EL Weißwein, 4 Eier
100 g Margarine
Mehl zum Ausrollen
100 g Bacon-Würfel (Fertigprodukt aus der Kühltheke,
ersatzweise gewürfelter
Frühstücksspeck), Salz
Pfeffer, 200 g Schmand
Muskat, Kümmel**

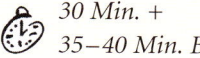 *30 Min. +
35–40 Min. Backzeit*

Pro Portion:
ca. 760 Kalorien

<u>*Bevor's richtig losgeht:*</u>

*Die Zwiebeln schälen und fein würfeln
Die Äpfel ungeschält vierteln, vom Kerngehäuse befreien,
in Spalten schneiden
Das Backblech mit Backpapier belegen
Den Backofen auf 200° vorheizen*

1. Mehl, Speisestärke, Wein, 1 Ei und Margarine verkneten und auf etwas Mehl auf Größe des Blechs ausrollen. Teig aufs Blech legen und einen kleinen Rand formen.

2. Bacon in einer Pfanne ohne Fett ausbraten, auf Küchenpapier abtropfen lassen. Zwiebeln und Äpfel in derselben Pfanne andünsten, mit den Baconwürfeln mischen, mit Salz und Pfeffer würzen. Kurz abkühlen lassen.

3. Den Schmand mit den restlichen Eiern verquirlen, mit Muskat, Salz, Pfeffer und Kümmel würzen, die Apfel-Zwiebel-Mischung unterheben und auf den Teig geben. Ab ins Rohr mit dem Kuchen (Mitte, Umluft 180°). In 35–40 Minuten ist er fertig.

Erdnuß-Muffins
gibt's nachmittags zum Zeichentrick

Z u t a t e n :

150 g Zucchini
50 g Gouda
40 g gesalzene Erdnüsse
Papierbackförmchen fürs
Muffin-Blech
1 Ei
3 EL Öl
4 EL Wasser
100 g Mehl
1 TL Backpulver
1 TL Salz
Pfeffer
Muskat

🕐 *20 Min. +*
25 Min. Backzeit

Pro Muffin:
ca. 90 Kalorien

Bevor's richtig losgeht:
Die Zucchini putzen und grob raspeln
Den Gouda entrinden und reiben
Die Erdnüsse grob hacken
Das Muffin-Blech mit Papierbackförmchen auslegen
Den Backofen auf 200° vorheizen

1. Das Ei schaumig schlagen, Öl und Wasser untermischen. Mehl und Backpulver unterrühren und den Teig mit Salz, Pfeffer und frisch geriebener Muskatnuß kräftig würzen.
2. Zucchini, Käse und Nüsse in den Teig einrühren – das war's.
3. Teig in die Mulden der Muffinform füllen und für 25 Minuten in den Backofen stellen (Mitte, Umluft 180°).

E i n T i p : Kein Muffin-Blech im Haus? Macht nichts. 2 ineinandergesteckte Papierbackförmchen sind ein guter Ersatz.

Speedy Käse-Muffins
der schnellste Snack von Mexico

Zutaten:

75 g mittelalter Gouda
Papierbackförmchen fürs
Muffin-Blech
100 g Bacon-Würfel
(Fertigprodukt aus der
Kühltheke, ersatzweise
gewürfelter
Frühstücksspeck)
300 g Mehl, 1 TL Natron
1 TL Backpulver
100 ml Öl
400 g Buttermilch, 1 Ei
1 TL Salz, Pfeffer
1/2 TL Zucker
Muskat

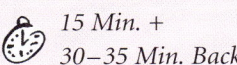 *15 Min. +*
30–35 Min. Backzeit

Pro Muffin:
ca. 215 Kalorien

Bevor's richtig losgeht:
Den Gouda entrinden und reiben
Das Muffin-Blech mit Papierbackförmchen auslegen
Den Backofen auf 200° vorheizen

1. Bacon in einer Pfanne ohne Fett ausbraten, auf Küchenpapier abtropfen lassen.
2. Mehl, Natron und Backpulver mischen. Öl, Buttermilch und Ei verrühren, nach und nach unter die Mehlmischung rühren. Nun noch Speck und Käse unterheben, mit Salz, Pfeffer, Zucker und Muskat würzen – fertig ist der Muffin-Teig.
3. Den Teig in die Muffinform füllen. Die Muffins im Ofen (Mitte, Umluft 180°) in 30–35 Minuten backen. Schmeckt statt Brot rasant gut zu Salaten.

Geheimnis im Blätterteig
ungelöstes Rätsel bis zum ersten Biß

Zutaten:

2 Frühlingszwiebeln
50 g Champignons
1 Ei
**450 g tiefgekühlte,
quadratische Blätterteig-
scheiben**
Backpapier fürs Blech
2 EL Öl
200 g Hackfleisch
3 EL Sojasprossen
Paprika, edelsüß
Pfeffer
Cayennepfeffer
2 EL Sojasauce
1 EL Milch

 25 Min. +
20–25 Min. Auftauzeit +
15 Min. Backzeit

Pro Stück:
ca. 260 Kalorien

Bevor's richtig losgeht:

Die Frühlingszwiebeln putzen und in dünne Ringe schneiden
Die Champignons putzen und in Scheiben schneiden
Das Ei trennen
Die Blätterteigscheiben nebeneinander auftauen lassen
Den Backofen auf 200° vorheizen
Das Backblech mit Backpapier auslegen

1. Die Blätterteigscheiben aufs Backblech legen.
2. Das Öl in einer Pfanne erhitzen. Hackfleisch unter Rühren anbraten, appetitlich braun soll's werden. Frühlingszwiebeln und Champignons zufügen und 5 Minuten dünsten. Soja-sprossen zugeben, weitere 2 Minuten garen, immer wieder umrühren. Mit Paprika, Pfeffer, Cayennepfeffer (Vorsicht: gefährlich scharf) und Sojasauce abschmecken.
3. Masse mit einem Löffel in die Mitte der Blätterteig-quadrate setzen. Die Ränder der Teigstücke mit etwas Eiweiß bepinseln. Die 4 Ecken zu einer Spitze fassen und zusammendrehen. Seitenflächen leicht andrücken.
4. Eigelb und Milch verquirlen und die Päckchen damit bepinseln, damit sie schön knusprig aussehen. Im Ofen (Mitte, Umluft 180°) ca. 15 Minuten goldgelb backen.

Käsekuchen nach Schloßherrenart
keine verbotene Liebe

Zutaten:

150 g Salzkräcker
100 g Margarine
1 rote Paprikaschote
1 grüne Paprikaschote
1–2 Zwiebeln
1 Knoblauchzehe
150 g Greyerzer
Backpapier für die Form
3 EL Olivenöl
450 g Doppelrahm-Frischkäse
110 g Mayonnaise
4 Eier, 75 ml Milch
Salz, Pfeffer
Paprika, edelsüß

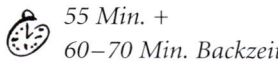 55 Min. +
60–70 Min. Backzeit

Bei 12 Stück pro Stück:
ca. 405 Kalorien

Bevor's richtig losgeht:
Die Kräcker zu Krümeln zerstoßen
Die Margarine zerlassen
Die Paprikaschoten putzen und fein würfeln
Die Zwiebeln schälen und fein würfeln
Den Knoblauch schälen
Den Greyerzer entrinden und reiben
Den Boden der Springform mit Backpapier auslegen
Den Backofen auf 150° vorheizen

1. Kräcker und die zerlassene Margarine vermischen. Masse auf dem Boden der Springform verteilen und festdrücken.
2. Öl in einer Pfanne erhitzen. Paprika und Zwiebeln zugeben, Knoblauch hineinpressen, 5 Minuten andünsten.
3. Frischkäse und Mayonnaise mit dem Handrührgerät verrühren, die Eier und dann die Milch unterrühren.
4. Gemüse-Mischung und Greyerzer unter die Masse heben. Mit Salz, Pfeffer und Paprika abschmecken. Masse in die Springform füllen und im Ofen (Mitte, Umluft 130°) 60–70 Minuten backen.
5. Wenn die Masse schön fest geworden ist, den Ofen ausschalten und den Kuchen bei geöffneter Ofentür noch etwas ruhen lassen. Schmeckt besonders lecker, wenn man ihn über Nacht kühl stellt.

Tatort Oliventörtchen

gefährlich gut

Zutaten:

6 quadratische Scheiben
tiefgekühlter Blätterteig
(270 g)
Backpapier fürs Blech
150 g Ziegengouda oder
Gouda, 75 g schwarze
Oliven ohne Stein
100 g grüne Oliven
ohne Stein
2 Eier, 1/8 l Milch
Muskat
Pfeffer, 1 Prise Salz

 10 Min. +
20–25 Min. Auftauzeit +
15–20 Min. Backzeit

Pro Portion:
ca. 325 Kalorien

Bevor's richtig losgeht:

Die Blätterteigscheiben nebeneinander auftauen lassen
Das Backblech mit Backpapier auslegen
Den Gouda entrinden und fein würfeln
Die Oliven halbieren
Den Backofen auf 175° vorheizen

1. Blätterteigscheiben aufs Backblech legen.
2. Eier und Milch verquirlen und mit frisch geriebenem Muskat, Pfeffer und wenig Salz (der Käse und die Oliven sind schon salzig!) würzen. Käse und Oliven mischen und unter die Eiermasse heben. In die Mitte der Teigquadrate geben und die Teigecken dabei nach innen schlagen, damit nichts auslaufen kann.
3. Jetzt die Törtchen schnell ab in den Ofen (Mitte, Umluft 160°). In 15–20 Minuten sind sie fertig und schmecken am besten ganz frisch.

Herziger Rosenkuchen

Zum Flirten gut

Zutaten:

Backpapier für die Form
1 Zwiebel
100 g Salami (rohe Schinkenwürfel anbraten)
¹/₂ Bund Petersilie
150 g geriebener Emmentaler
Pfeffer
250 g Croissant-Teig (Fertigprodukt aus der Kühltheke)

🕐 *25 Min. +*
30–35 Min. Backzeit

Pro Stück:
ca. 110 Kalorien

Bevor's richtig losgeht:

Den Boden einer Springform mit 24 cm Ø
mit Backpapier auslegen
Die Zwiebel schälen und fein würfeln
Die Salami fein würfeln
Die Petersilie waschen, Blättchen fein hacken
Den Backofen auf 180° vorheizen

1. Zwiebel, Salami, Petersilie und Käse mischen, mit Pfeffer würzen.
2. Teig vorsichtig ausrollen, aufpassen, daß er an den vorgestanzten Stellen nicht aufgeht. Den Teig in 3 Rechtecke schneiden, so daß immer 2 Croissants 1 Teigplatte ergeben. Die Füllung auf dem Teig verteilen, aber nicht ganz bis zu den Rändern. Jetzt den Teig von den Längsseiten her aufrollen. Leicht andrücken und in ca. 3 cm breite Scheiben schneiden.
3. Teigscheiben nebeneinander in die Springform setzen, so daß man die Füllung herausblitzen sieht. Im Ofen (Mitte, Umluft 160°) ist der Rosenkuchen in 30–35 Minuten fertig. Stück für Stück abbrechen und genießen. Eine Liebe fürs Leben.

Wettkönigs Kartoffel-Pizza
Wetten, da essen alle Kandidaten mit

Zutaten:

450 g rechteckige Scheiben tiefgekühlter Blätterteig
Backpapier fürs Blech
250 g Gorgonzola (nicht zu reif)
4–5 große festkochende Kartoffeln (ca. 1 kg)
400 g Gemüsezwiebeln
2 EL Zitronensaft
5 EL Speisestärke
2 Eigelbe
Salz, Pfeffer, Muskat

 40 Min. +
20–25 Min. Auftauzeit +
45–55 Min. Backzeit

Pro Portion:
ca. 910 Kalorien

Bevor's richtig losgeht:

Die Blätterteigscheiben nebeneinander auftauen lassen
Das Backblech mit Backpapier auslegen
Den Gorgonzola entrinden und klein würfeln
Die Kartoffeln schälen und grob raspeln
Die Zwiebeln schälen und grob raspeln
Den Backofen auf 200° vorheizen

1. Blätterteig überlappend aufs Backblech legen, Ränder festdrücken. Teig mit einer Gabel überall einstechen, dann geht er beim Backen schön auf.

2. Die Flüssigkeit von den Kartoffeln mit der Hand ausdrücken und abgießen. Kartoffeln und Zwiebeln mit Zitronensaft, Gorgonzola, Speisestärke und den Eigelben mischen. Kräftig würzen: mit Salz, Pfeffer und frisch geriebenem Muskat.

3. Die Kartoffelmischung auf dem Teig verteilen. Die Pizza in den Ofen schieben (unten, Umluft 180°) und 45–55 Minuten knusprig backen. Vorsicht beim Essen, denn der Belag wird beim Backen höllisch heiß. Darauf kann man wetten.

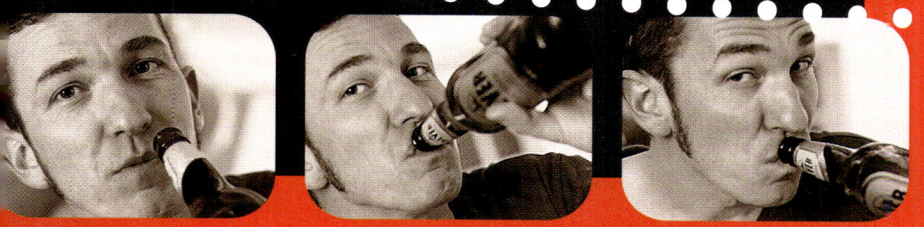

Käse-Croissants für Kommissare

dafür bleibt jede Wurstsemmel liegen

Zutaten:

2 Zwiebeln, 4 Croissants zum Selberaufbacken (aus dem Brotregal), 4 TL Senf 100 g geriebener Emmentaler, Salz, Pfeffer, Paprika

 5 Min. +
10 Min. Backzeit

Pro Portion:
ca. 235 Kalorien

<u>Bevor's richtig losgeht:</u>
Den Backofen auf 200° vorheizen
Die Zwiebeln schälen und in Scheiben schneiden

1. Croissants aufschneiden, jedes mit 1 TL Senf bestreichen, mit Zwiebelringen belegen und mit Käse bestreuen. Mit Salz, Pfeffer und Paprika würzen – fertig!
2. Ab aufs Backblech damit und im Ofen (Mitte, Umluft 180°) 10 Minuten knusprig backen.

Wenn schon Chips, dann nur mit Dips. Dippen läßt sich's aber ebensogut mit Gemüse, Salat, Brot und Grissini. Rezepte und Dip-Ideen sind so vielfältig und international wie die olympischen Sportdiszi-plinen. Eines aber haben sie gemeinsam: Jeder Dip ist medaillenverdächtig, denn Doping ist hier legal.

Olympisch in allen Disziplinen – Dips mit und ohne Doping

Tomaten-Chili-Dip

entfacht das olympische Feuer

Zutaten:

2 mittelgroße Tomaten
4 getrocknete, in Öl
eingelegte Tomaten
1 Chilischote
1 Knoblauchzehe
250 g Tomatenketchup
Salz, Pfeffer
Cayennepfeffer
Zucker

 10 Min.

Pro Portion:
ca. 235 Kalorien

<u>Bevor's richtig losgeht:</u>

Die Tomaten putzen, Fruchtfleisch klein würfeln
Die getrockneten Tomaten klein würfeln
Die Chilischote entkernen, ganz fein würfeln
Den Knoblauch schälen

1. Ketchup mit frischen und getrockneten Tomatenwürfeln und der Chilischote vermischen.
2. Knoblauch dazupressen und mit Salz, Pfeffer, einem Hauch Cayennepfeffer und 1 Prise Zucker abschmecken. Mit Taco-Chips olympisch gut.

Russische Creme

grenzenlos lecker

Zutaten:

5 Eier
1 EL Senf, mittelscharf
50 g Salatcreme
50 g Schmand
1 TL Salz, $\frac{1}{2}$ TL Pfeffer

 15 Min.

Pro Portion:
ca. 180 Kalorien

<u>Bevor's richtig losgeht:</u>
Die Eier hart kochen, pellen; Eiweiß klein würfeln

1. Eigelb mit Hilfe eines Eßlöffels durch ein feinmaschiges Sieb streichen. Mit Senf, Salatcreme und Schmand vermischen.
2. Eiweißwürfel darunterrühren und mit Salz und Pfeffer würzen. Lecker zu Kräckern.

Zehnkämpfers Ziegenkäse
bricht Rekorde

Zutaten:

1 Knoblauchzehe
1 Bund Schnittlauch
1 Bund Basilikum
1 kleiner Zweig Rosmarin
1 Bund glatte Petersilie
1 Bund Frühlingszwiebeln
200 g Ziegenfrischkäse
250 g Sahne
5 EL Milch
1 EL Zitronensaft
Salz
Pfeffer
Paprika, edelsüß

 15 Min.

Pro Portion:
ca. 370 Kalorien

Bevor's richtig losgeht:

Den Knoblauch schälen
Alle Kräuter und die Frühlingszwiebeln waschen
Den Schnittlauch fein schneiden
Das Basilikum von den Stielen zupfen und hacken
Den Rosmarin von den Stielen zupfen und hacken
Die Petersilie von den Stielen zupfen und hacken
Die Frühlingszwiebeln in feine Ringe schneiden

1. Ziegenkäse, Sahne und Milch mit dem Handrührgerät cremig aufschlagen. Mit Zitronensaft, Salz, reichlich Pfeffer und Paprika abschmecken.
2. Den Knoblauch dazupressen, die gehackten Kräuter und die Frühlingszwiebeln unterrühren. Schmeckt rekordverdächtig zu Pumpernickel!

Schafkäse-Dip mit Knoblauch-Doping

La ola auf der Couch

Zutaten:

60 g getrocknete, in Öl
eingelegte Tomaten
40 g Walnußkerne
einige Basilikumblätter
1–2 Knoblauchzehen
200 g Schafkäse
100 g Hüttenkäse
250 g Sahne
Salz
Pfeffer

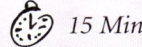 15 Min.

Pro Portion:
ca. 280 Kalorien

<u>Bevor's richtig losgeht:</u>
Die Hälfte der Tomaten klein würfeln
Die Hälfte der Walnüsse grob hacken
Den Knoblauch schälen
Das Basilikum waschen, abtropfen lassen,
Blättchen grob hacken

1. Den Schafkäse, den Hüttenkäse, die Sahne, ganze Tomaten, ganze Walnüsse und Knoblauch im Mixer pürieren.
2. Die kleingewürfelten Tomaten, die gehackten Walnüsse und das Basilikum unterrühren. Mit wenig Salz (der Käse ist schon salzig) und kräftig Pfeffer würzen. Lecker zu Brezeln und Taco-Chips. Oder zu frischem italienischen Weißbrot.

Sardellen-Dip
preisverdächtig

Zutaten:

2 Knoblauchzehen
1 Bund Petersilie
5 EL Olivenöl
2 EL Sardellenpaste
Salz
Pfeffer

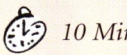 10 Min.

Pro Portion:
ca. 115 Kalorien

Bevor's richtig losgeht:
Den Knoblauch schälen, 1 Zehe fein würfeln
Die Petersilie waschen, Blättchen fein hacken

1. Den gewürfelten Knoblauch in 1 EL Olivenöl kurz anbraten.
2. Das restliche Öl mit der Sardellenpaste und der zweiten Knoblauchzehe mit dem Pürierstab oder im Mixer pürieren. Den gerösteten Knoblauch und die gehackte Petersilie unterrühren. Mit Salz und Pfeffer würzen. Zu kleinen Roggenbrötchen oder zu Salzstangen servieren – auf Beifall warten.

Go Go Dip
Gold für Gorgonzola

Zutaten:

250 g Mascarpone
200 g Gorgonzola
100 g Crème fraîche
2 EL Cognac, 1 TL Zitronensaft, Salz, Pfeffer, Cayennepfeffer, $1/2$ TL Zucker

 5 Min.

Pro Portion:
ca. 580 Kalorien

1. Mascarpone, Gorgonzola, Crème fraîche und Cognac mit dem Pürierstab oder im Mixer pürieren.
2. Mit Zitronensaft, Salz, Pfeffer, Cayennepfeffer und Zucker abschmecken. Mit Grissini oder Kräckern servieren und knabbern bis zur Siegerehrung.

Multikulti-Sauce
die Mischung macht's

Zutaten:

2 Knoblauchzehen
1/2 Stange Staudensellerie
1 Chilischote
4 Stengel Petersilie
3–4 EL Zitronensaft
100 g süßer Weißwurstsenf
2 EL Kapern
Salz, Pfeffer, Zucker

 15 Min.

Pro Portion:
ca. 40 Kalorien

Bevor's richtig losgeht:

Den Knoblauch schälen und hacken
Den Sellerie putzen und sehr fein würfeln
Die Chilischote entkernen und sehr fein würfeln
Die Petersilie waschen, Blättchen fein hacken

1. Knoblauch, Sellerie, Chillie, Petersilie und Saft pürieren.
2. Senf und Kapern unterrühren, mit Salz, Pfeffer und 1 Prise Zucker abschmecken. Zu Rohkost servieren.

Eier-Creme
Schnelles für Schnelle

Zutaten:

4 Eier, 125 g Quark
200 g Crème fraîche
2 EL Mayonnaise oder
Salatcreme
1 TL Zitronensaft
Salz, Pfeffer, Zucker

 15 Min.

Pro Portion:
ca. 355 Kalorien

Bevor's richtig losgeht:

Eier hart kochen, pellen und fein würfeln

1. Eier, Quark, Crème fraîche und Mayonnaise oder Salat-creme mit dem Pürierstab oder im Mixer pürieren.
2. Mit Zitronensaft, Salz, Pfeffer und 1 Prise Zucker abschmecken. Und dazu: Salzkräcker.

Thunfisch-Dip
im Foto unten

Weltrekord am Beckenrand

Zutaten:

150 g Thunfisch in Öl
100 g Doppelrahm-
Frischkäse, 2 EL Sahne
100 g Crème fraîche
Salz, Pfeffer, Cayennepfeffer
50 g Kapern

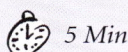 5 Min.

Pro Portion:
ca. 290 Kalorien

1. Auf die Plätze – fertig – los: Den abgetropften Thunfisch, Frischkäse, Sahne und Crème fraîche im Mixer pürieren.
2. Mit Salz, Pfeffer und Cayennepfeffer (Vorsicht: nicht zuviel!) abschmecken, Kapern unterrühren. Dazu ein paar Scheiben Weißbrot abschneiden und schon ist man am Ziel.

Avocado-Dip
im Foto oben

ein Fall fürs Siegertreppchen

Zutaten:

2 Avocados
200 g geräucherte
Schillerlocken
1/2 Bund Dill
1 TL Zitronensaft
2 EL saure Sahne
1 1/2 EL Senf, mittelscharf
Salz, Pfeffer
Cayennepfeffer
Zucker

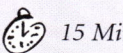 15 Min.

Pro Portion:
ca. 295 Kalorien

Bevor's richtig losgeht:

Avocados halbieren, vom Stein lösen, schälen und
1/2 Avocado fein würfeln
50 g Schillerlocke in Streifen schneiden
Dill waschen, von den Stielen zupfen und grob hacken

1. 1 1/2 Avocados und 150 g Schillerlocken pürieren, Zitronensaft, saure Sahne und Senf einrühren.
2. Dill, Avocado-Würfel und Schillerlocken-Streifen untermischen. Mit Salz, Pfeffer, Cayennepfeffer und 1 Prise Zucker abschmecken. Zu Laugengebäck oder Weißbrot.

Shrimp-Dip
Erster über 100 m

Zutaten:

200 g geschälte und
vorgekochte Shrimps
100 g Doppelrahm-
Frischkäse
3 EL Tomatenketchup
1 TL Meerrettich
$1/2$ TL Pfeffer, Salz
Paprika, edelsüß

 10 Min. +
2 Stunden Kühlzeit

Pro Portion:
ca. 140 Kalorien

Bevor's richtig losgeht:
Shrimps fein würfeln

1. Frischkäse, Tomatenketchup, Meerrettich, Pfeffer, Salz und
Paprika mit dem Handrührer cremig schlagen.
2. Shrimps unterheben und für mindestens 2 Stunden in den
Kühlschrank stellen. Grissini zum Dippen bereitstellen und
schon mal für den Wettkampf warmlaufen.

Forellencreme
Ekstase im Stadion

Zutaten:

2 geräucherte Forellen-
filets (125 g)
2 TL Meerrettich
1 TL Preiselbeeren (Glas)
4–5 EL Schmand oder
saure Sahne, 1 TL Zitronensaft, Salz, Pfeffer

 5 Min.

Pro Portion:
ca. 140 Kalorien

1. Forellenfilets, Meerrettich, Preiselbeeren und Schmand
oder saure Sahne mit dem Pürierstab oder im Mixer
pürieren.
2. Mit Zitronensaft, Salz und Pfeffer abschmecken. Ein
paar Scheiben Weißbrot dazu toasten und schon ist Zeit
für »La ola« und Kampfgesänge.

Leichtathleten-Dip

Lauch und Quark macht Muskeln stark

Zutaten:

1 Bund Frühlingszwiebeln
1 Apfel
1 grüne Paprikaschote
100 g Doppelrahm-
Frischkäse
150 g Quark (20 %)
1 EL Zitronensaft
Salz, Pfeffer
Zucker

 15 Min.

Pro Portion:
ca. 150 Kalorien

Bevor's richtig losgeht:

Die Frühlingszwiebeln putzen und in feine Ringe schneiden
Den Apfel schälen, vom Kerngehäuse befreien und
fein würfeln
Die Paprikaschote putzen und fein würfeln

1. Frischkäse, Quark und Zitronensaft mit den Quirlen des Handrührgerätes glattrühren.
2. Frühlingszwiebeln, Apfel und Paprikaschote unterheben. Mit Salz, Pfeffer und 1 Prise Zucker abschmecken. Dazu Salzkräcker und/oder Chips.

Kugelstoßer-Quark

Starkes für Starke Foto rechts

Zutaten:

3 Eier, 1 Bund Kerbel
100 g Katenschinken
100 g Gewürzgurken
500 g Magerquark
100 ml Mineralwasser
mit viel Kohlensäure
4 EL Gewürzgurkensud
Salz, Pfeffer
Cayennepfeffer, Zucker

 15 Min.

Pro Portion:
ca. 260 Kalorien

Bevor's richtig losgeht:

Die Eier hart kochen, pellen und fein hacken
Den Kerbel waschen, Blättchen hacken
Den Schinken fein würfeln
Die Gewürzgurken fein würfeln

1. Quark, Mineralwasser und Gurkensud verrühren, mit Salz, Pfeffer, Cayennepfeffer und 1 Prise Zucker würzen.
2. Eier, Kerbel, Schinken und Gewürzgurken unterrühren. Auf Pumpernickeltaler streichen.

Marathon-Dip

Power für 42 Kilometer

Zutaten:

Je 1 Bund Petersilie, Dill,
Basilikum, Kerbel und
Schnittlauch
1 EL Senf, mittelscharf
5 EL Öl, 3 EL Kapern
Salz, Pfeffer

 15 Min.

Pro Portion:
ca. 105 Kalorien

Bevor's richtig losgeht:

Alle Kräuter waschen; Schnittlauch grob schneiden,
restliche Kräuter von den Stielen zupfen

1. Alle Zutaten im Mixer oder mit dem Pürierstab pürieren.
2. Rohkost oder Pellkartoffelstücke darin eindippen.

Mit turbostarken Rezepten ist das Team der »Couch-potatoes« bestens gerüstet. Den Pokal vor Augen, weiß jeder worauf's ankommt. Eine gute Startposition ist Ihnen durch beste Vor-arbeit sicher. Jetzt heißt es, Nerven bewahren und die Konkurrenz abdrängen. An die Gabel, fertig, los!

Heiß auf Formel 1 – Salate für die Sieger

Turbostarker Käsesalat

für die Pole-Position Foto S. 50/51

Zutaten:

50 g mittelalter Gouda
50 g Parmesan am Stück
50 g Gorgonzola
2 Äpfel
2 Tomaten
1 Bund Rucola
1 kleiner Kopf Radicchio
1 kleine Dose Gemüsemais
(140 g Abtropfgewicht)
100 g Schafkäse
4 EL Sahne
2 EL Joghurt
1 TL Zitronensaft
Salz
Pfeffer
1 TL Zucker

 *30 Min.*

Pro Portion:
ca. 310 Kalorien

Bevor's richtig losgeht:

Den Gouda entrinden und würfeln
Den Parmesan in große Späne hobeln
Den Gorgonzola entrinden und grob würfeln
Die Äpfel waschen, schälen, entkernen und würfeln
Die Tomaten waschen, Stielansatz ausschneiden,
Fruchtfleisch entkernen und würfeln
Den Rucola waschen und grob hacken
Radicchio waschen, Blätter grob zupfen
Mais abtropfen lassen

1. Für die Marinade den Schafkäse ein bißchen zerbrökkeln und mit Sahne, Joghurt und Zitronensaft pürieren. Entweder mit dem Pürierstab oder im Mixer. Mit Salz, Pfeffer und Zucker abschmecken – schon fertig.
2. Alle anderen Zutaten kommen in eine große Schüssel. Marinade darüber gießen und vorsichtig mischen.

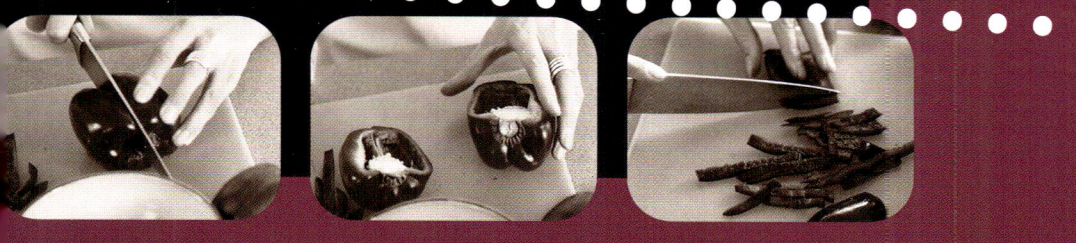

Maissalat mit Promille

nur für Beifahrer

Zutaten:

1 Dose Gemüsemais
(285 g Abtropfgewicht)
6 Tomaten
150 g Salami
2 grüne Paprikaschoten
100 g mittelalter Gouda
1 Bund Schnittlauch
100 g Mayonnaise oder
Salatcreme, 3 EL Whisky
2 TL Meerrettich
1 EL Zitronensaft
Salz, Pfeffer, Zucker

 30 Min. + 30 Min. zum Durchziehen

Pro Portion:

ca. 550 Kalorien

<u>Bevor's richtig losgeht:</u>
Den Mais abtropfen lassen
Die Tomaten waschen, vom Stielansatz befreien
und würfeln
Die Salami würfeln
Die Paprikaschoten putzen und würfeln
Den Gouda entrinden und würfeln
Den Schnittlauch waschen und kleinschneiden

1. In einer großen Schüssel den Mais mit Tomaten, Salami, Paprikaschoten und Gouda mischen.
2. In einer kleineren Schüssel Mayonnaise oder Salatcreme mit Whisky, Meerrettich, Zitronensaft und Schnittlauch verrühren. Kräftig mit Salz, Pfeffer und 1 Prise Zucker abschmecken.
3. Sauce über den Salat gießen und alles vorsichtig mischen. Der Maissalat schmeckt erst richtig lecker, wenn man ihn durchziehen läßt: 30 Minuten sollten's mindestens sein.

Thunfischsalat Roter Flitzer
der Feinste im Rennstall

Zutaten:

150 g Thunfisch in Öl
2 Eier
100 g Champignons
1 kleine grüne
Paprikaschote
8 große Tomaten
3 EL Schmand oder
saure Sahne
3 EL Mayonnaise oder
Salatcreme
1 EL Tomatenketchup
Salz
Pfeffer
1 EL tiefgekühlter
Schnittlauch

 *25 Min.*

Pro Portion:
ca. 270 Kalorien

<u>Bevor's richtig losgeht:</u>
Den Thunfisch abtropfen lassen
Die Eier hart kochen, pellen und fein würfeln
Die Champignons putzen und würfeln
Die Paprikaschote putzen und fein würfeln
Die Tomaten waschen, Stielansatz herausschneiden,
Tomaten der Länge nach halbieren und aushöhlen

1. Thunfisch mit einer Gabel grob zerteilen. Dann die Eier, Champignons und Paprikaschote unterrühren.
2. Schmand oder saure Sahne, Mayonnaise oder Salatcreme und Ketchup glattrühren und kräftig mit Salz und Pfeffer würzen. Schnittlauch unterrühren.
3. Salat und Marinade vermengen und in die ausgehöhlten Tomatenhälften füllen. Macht was her!

Hockenheimer Wurstsalat

Triumph auf der Zielgeraden

Zutaten:

200 g Leerdamer
200 g Lyoner Fleischwurst
4 Tomaten
$1/2$ Salatgurke
1 Bund Frühlingszwiebeln
$1/2$ Bund Liebstöckel
1 EL Himbeer- oder
Weinessig
4 EL Sonnenblumenöl
2 TL Senf, mittelscharf
1 TL Zucker
Salz
Pfeffer

 25 Min.

Pro Portion:
ca. 430 Kalorien

Bevor's richtig losgeht:

Den Käse entrinden und würfeln
Die Lyoner schälen und würfeln
Die Tomaten waschen, Stielansätze
herausschneiden, Fruchtfleisch würfeln
Die Salatgurke waschen, schälen
und würfeln
Die Frühlingszwiebeln putzen und
in feine Ringe schneiden
Den Liebstöckel waschen, Blättchen
von den Stielen zupfen und hacken

1. Für die Marinade Essig, Öl, Senf, Zucker, Salz und Pfeffer kräftig durchrühren, bis eine glatte Sauce entstanden ist.

2. Die anderen Zutaten in einer Schüssel vermengen. Kurz vor dem Servieren mit der Marinade übergießen und mischen.

Kartoffelsalat Nürburgring
voll Speed bis zum Ziel

Zutaten:

**750 g festkochende
Kartoffeln
Salz
5 Eier
150 g Gewürzgurken
150 g Schmand oder
saure Sahne
5 EL Mayonnaise oder
Salatcreme
1 EL Senf, mittelscharf
Pfeffer, Zucker
Muskat**

 *40 Min. + 30 Min.
zum Durchziehen*

Pro Portion:
ca. 440 Kalorien

<u>Bevor's richtig losgeht:</u>
*Die Kartoffeln schälen, würfeln, in Salzwasser in ca.
20 Minuten bißfest kochen, abgießen und abkühlen lassen
Die Eier hart kochen, pellen und fein würfeln
Die Gurken fein würfeln*

1. Für die Marinade Schmand oder saure Sahne, Mayonnaise
oder Salatcreme und Senf glattrühren, mit Salz, Pfeffer,
1 Prise Zucker und kräftig Muskat abschmecken.
2. Kartoffeln, Eier, Gewürzgurken und Marinade in einer
Schüssel vorsichtig mischen. Den Kartoffelsalat mindestens
30 Minuten ziehen lassen.

Ein Tip: Wenn die Marinade zu sehr einzieht und der
Salat zu trocken wird, einfach mit etwas Milch verlängern.

Glasnudelsalat

der heißeste unter den Salaten

Zutaten:

50 g Glasnudeln
1 Zwiebel
2 Knoblauchzehen
2 Chilischoten
3 Frühlingszwiebeln
1 rote Paprikaschote
1 Bund Koriandergrün
1 Bund Basilikum
3 EL Öl
150 g Hackfleisch
50 g Erdnüsse oder
Cashewkerne
3 EL Sesamöl oder
Erdnußbutter
1 EL Zitronensaft
1 TL Sojasauce
Pfeffer, 1 TL Zucker

 25 Min. +
30 Min. Einweichzeit

Pro Portion:

ca. 340 Kalorien

Bevor's richtig losgeht:

Die Glasnudeln mit kochendem Wasser überbrühen und
30 Minuten einweichen
Die Zwiebel schälen und fein würfeln
Den Knoblauch schälen und sehr fein würfeln
Die Chilischoten entkernen und sehr fein würfeln
Die Frühlingszwiebeln putzen und in Ringe schneiden
Die Paprikaschote putzen und fein würfeln
Das Koriandergrün waschen, Blättchen grob hacken
Das Basilikum waschen, Blättchen grob hacken

1. Glasnudeln in ein Sieb gießen und die Nudeln mit einer Schere kleinschneiden.
2. Öl erhitzen und das Hackfleisch unter Rühren krümelig anbraten, Zwiebel und Knoblauch zugeben, ebenso Chilischoten, das Weiße der Frühlingszwiebeln und die Paprikaschote. Kurz andünsten, dann abkühlen lassen. Das Grün der Frühlingszwiebeln zu den Glasnudeln geben, ebenso die Hackfleischmischung und die Erdnüsse oder Cashewkerne. Alles mischen.
3. Für die Marinade Sesamöl oder Erdnußbutter mit Zitronensaft, Sojasauce, Pfeffer und Zucker verrühren (mit dem Pürierstab wird's schön sämig), über den Salat gießen und alles vermischen. Koriandergrün und Basilikum unterheben und gleich servieren.

Mechanikers Brotsalat

das Beste für den Boxenstop

Zutaten:

6–8 Scheiben Weißbrot
(ruhig auch vom Vortag)
1 Bund Frühlingszwiebeln
200 g Schafkäse
$^1/_2$ Salatgurke
3 große Tomaten
2 Knoblauchzehen
1 Bund Petersilie
1 Bund Basilikum
1 EL Aceto Balsamico
6 EL Olivenöl
$1^1/_2$ TL Senf, mittelscharf
1 TL Zucker
Salz, Pfeffer

 *30 Min. + 15 Min.
zum Durchziehen*

Pro Portion:

ca. 350 Kalorien

Bevor's richtig losgeht:

Das Brot würfeln

Die Frühlingszwiebeln putzen und in feine Ringe schneiden

Den Schafkäse würfeln

Die Gurke waschen, schälen und fein würfeln

*Die Tomaten waschen, Stielansätze herausschneiden,
Fruchtfleisch entkernen und fein würfeln*

Den Knoblauch schälen und sehr fein würfeln

Die Petersilie waschen, Blättchen grob hacken

Das Basilikum waschen, Blättchen grob hacken

1. Für die Marinade Essig, Öl, Senf, Zucker, Salz und Pfeffer
verrühren, bis eine glatte Sauce entstanden ist.

2. Das Brot in eine große Schüssel geben und mit der Sauce
begießen. 15 Minuten ziehen lassen.

3. Dann alle anderen Zutaten zugeben, alles vermischen
und jetzt: genießen!

Nudelsalat Kamikaze

ein Renner für jede Runde

Zutaten:

1 Glas Mini-Party-
Würstchen
(250 g Abtropfgewicht)
1 Dose Gemüsemais
(285 g Abtropfgewicht)
1 Glas eingelegte Paprikaschoten, in Streifen
(165 g Abtropfgewicht)
2 Tomaten
100 g Gewürzgurken
1 Glas Champignons
(170 g Abtropfgewicht)
250 g Spiralnudeln, Salz
150 g Schmand
3 EL Mayonnaise oder
Salatcreme
Pfeffer, $1/2$ TL Zucker

 *25 Min. + 1 Stunde
zum Durchziehen*

Pro Portion:
ca. 685 Kalorien

Bevor's richtig losgeht:

Die Würstchen und den Mais abtropfen lassen
Die Paprikaschoten abtropfen lassen, 6 EL Sud auffangen
Die Tomaten waschen, Stielansätze herausschneiden,
Fruchtfleisch entkernen und würfeln
Die Gewürzgurken würfeln
Die Champignons abtropfen lassen und halbieren

1. Nudeln in reichlich Salzwasser bißfest kochen. Abgießen und abkühlen lassen.
2. Party-Würstchen, Mais und Paprika in einer großen Schüssel mit den Nudeln, den Tomaten, Gewürzgurken und Champignons mischen.
3. Für die Marinade Schmand und Mayonnaise oder Salatcreme mit dem Sud der eingelegten Paprikaschoten vermischen und kräftig mit Salz, Pfeffer und Zucker abschmecken.
4. Salat und Marinade mischen und mindestens 1 Stunde durchziehen lassen.

Ein Tip: Wenn der Salat zu trocken ist, noch mit Paprika-Sud verlängern.

Kerpener Schichtsalat

wirft jeden aus der Bahn

Z u t a t e n :

5 Eier, 250 g gekochter Schinken, in Scheiben
1 Glas Sellerie, in Streifen (190 g Abtropfgewicht)
1 Dose Ananasstücke (350 g Abtropfgewicht)
1 große Dose Gemüsemais (285 g Abtropfgewicht)
1–2 Stangen Lauch
250 g Schmand oder saure Sahne, 6 EL Salatcreme
75 g Joghurt
1–2 TL Zitronensaft
Pfeffer, Salz, Zucker

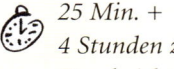 *25 Min. +*
4 Stunden zum
Durchziehen

Pro Portion:
ca. 585 Kalorien

Bevor's richtig losgeht:
Eier hart kochen, pellen und fein würfeln
Schinken kleinschneiden
Sellerie, Ananas und Mais abtropfen lassen
Lauch putzen und in feine Ringe schneiden

1. Für die Marinade Schmand oder saure Sahne, Salatcreme, Joghurt und Zitronensaft vermischen und glattrühren. Mit kräftig Pfeffer, Salz und 1 Prise Zucker abschmecken.
2. In eine große Schüssel (wegen der Optik am besten aus Glas) als unterste Schicht den abgetropften Sellerie geben. Darauf gekochten Schinken, dann Ananas.
3. Die Hälfte der Marinade gleichmäßig darauf verteilen. Darüber als nächste Schicht die Eier, dann den Mais und zum Schluß die restliche Marinade. Mit dem Lauch abdecken und mindestens 4 Stunden oder über Nacht im Kühlschrank durchziehen lassen.

Sitzt jeder bequem, braucht jemand ein Taschentuch? Wie bitte, Eiscreme? Nein. Da gibt's Passenderes. Zum Beispiel verführerische Muffins à la Marilyn, Gruselmeisters aufreibende Kartoffelküchlein oder Valentino-Mousse zum Dahinschmelzen. Jetzt aber genug der Werbung! Film ab!

Kult & Kitsch auf Video – Süßes für das Happy-End

Valentino-Mousse

bricht die Herzen der stolzesten Frauen

Zutaten:

3 ganz frische Eier
250 g Sahne
200 g Vollmilch- oder
Zartbitterschokolade
100 g weiße Schokolade

 25 Min. +
12 Stunden Kühlzeit

Pro Portion:
ca. 645 Kalorien

<u>Bevor's richtig losgeht:</u>

Die Eier trennen, Eiweiße steif schlagen
Die Sahne steif schlagen
Die Vollmilch- oder Zartbitterschokolade grob reiben

1. Weiße Schokolade im warmen Wasserbad schmelzen. Eigelbe kurz aufschlagen, geschmolzene, weiße Schokolade unterheben.
2. Zuerst die Sahne unterziehen, dann den Eischnee und die Hälfte der geriebenen, dunklen Schokolade.
3. Die Mousse in eine Schüssel füllen und mit der restlichen geriebenen Schokolade bestreuen. Unbedingt über Nacht im Kühlschrank fest werden lassen.

Muffins à la Marilyn

manche mögen's süß Foto S. 64/65

Zutaten:

1 Apfel
50 g Marzipanrohmasse
Papierbackförmchen fürs
Muffin-Blech, 150 ml Milch
100 g Maisgrieß, 20 g Mehl
1 TL Backpulver
¼ TL Salz
50 g Zucker (am
besten brauner)
1 Päckchen Vanillezucker
1 Ei, 30 g Butter
½ TL Zimtpulver
1 EL Calvados
(nach Belieben)

 15 Min. +
10 Min. Quellzeit +
20 Min. Backzeit

Pro Muffin:
ca. 115 Kalorien

Bevor's richtig losgeht:
Den Apfel schälen, entkernen und grob raspeln
Die Marzipanrohmasse grob raspeln
Das Muffin-Blech mit Papierbackförmchen auslegen
Den Backofen auf 200° vorheizen

1. Milch aufkochen, Grieß einrühren und zugedeckt 10 Minuten quellen lassen.
2. Mehl, Backpulver, Salz, Zucker, Vanillezucker, Ei und weiche Butter einrühren. Geraspelten Apfel, Zimt, Marzipan und Calvados unterrühren.
3. Teig in Muffin-Förmchen füllen — höchstens zu zwei Drittel, weil der Teig beim Backen aufgeht. Blech für 25 Minuten in den Ofen schieben (Mitte, Umluft 180°).

Ein Tip: Wer kein Muffin-Blech besitzt, nimmt 2 ineinandergesteckte Papier-Backförmchen.

Pfirsich-Tiramisu Diva

kann denn Naschen Sünde sein?

Zutaten:

300 g weiße Pfirsiche
3 Blatt weiße Gelatine
250 g Sahne
200 g Löffelbiskuits
ca. 100 ml Pfirsich-Saft
oder Pfirsich-Maracuja-Saft
ca. 100 ml Pfirsich- oder
Orangenlikör
gehackte Pistazienkerne
zum Bestreuen

 30 Min. + 1 Stunde Kühlzeit + mindestens 4 Stunden zum Durchziehen

Pro Portion:
ca. 540 Kalorien

Bevor's richtig losgeht:
Pfirsiche schälen und vom Stein lösen.
Gelatine ca. 5 Minuten in kaltem Wasser einweichen
Sahne steif schlagen

1. Pfirsich-Fruchtfleisch mit dem Pürierstab oder im Mixer pürieren. Gelatine ausdrücken, dann bei milder Hitze auflösen (das geht übrigens gut in der Mikrowelle). 2 EL Pfirsichpüree mit der Gelatine verrühren und unter das restliche Püree mischen. 1 Stunde im Kühlschrank fest werden lassen. Sahne unterheben.

2. Die Hälfte der Löffelbiskuits nebeneinander in eine Auflaufform legen, mit der Hälfte des Saftes und der Hälfte des Likörs tränken.

3. Die Hälfte der Creme über die Löffelbiskuits geben. Restliche Biskuits nebeneinander auf die Creme legen und mit dem restlichen Saft und Likör tränken.

4. Den Rest der Pfirsichcreme darübergeben und mindestens 4 Stunden, am besten über Nacht, im Kühlschrank fest werden lassen. Mit gehackten Pistazien bestreut servieren.

Ein Tip: Außerhalb der Saison Pfirsiche aus der Dose verwenden und wenn Kinder mitessen, Likör weglassen und durch Saft ersetzen.

Gruselmeisters Kartoffelküchlein

aufreibend gut

Zutaten:

250 g Kartoffeln
Backpapier fürs Blech
2 Eier
250 g Honig
(ersatzweise Zucker)
125 g gemahlene Nüsse
125 g gemahlene Mandeln
50 g gehackte Mandeln
1 TL Zimtpulver
1 EL Rum oder Cointreau
(nach Belieben)
1 Päckchen Vanillezucker
8–10 EL Mehl
$^1/_2$ Päckchen Backpulver

 25 Min. +
25–30 Min. Kochzeit +
20 Min. Backzeit

Pro Küchlein:
ca. 185 Kalorien

Bevor's richtig losgeht:
*Kartoffeln schälen, 25–30 Minuten kochen und
abkühlen lassen
Ein Backblech mit Backpapier auslegen
Den Backofen auf 180° vorheizen*

1. Kartoffeln reiben. Eier und Honig schaumig schlagen und die Kartoffeln unterrühren. Alle anderen Zutaten – außer Mehl und Backpulver – zugeben und unterrühren. Dann Mehl und Backpulver kurz untermischen.
2. Mit einem Löffel lebkuchengroße Teigportionen aufs Backblech setzen und die Oberfläche etwas glattstreichen.
3. Blech in den Ofen schieben (Mitte, Umluft 160°). 20 Minuten backen.

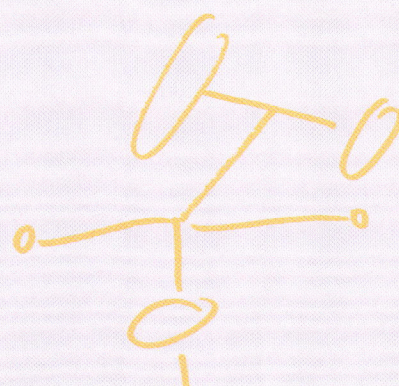

Kultige Quarktaschen
Softies mit Biß

Zutaten:

Backpapier fürs Blech
10 quadratische
Scheiben tiefgekühlter
Blätterteig (450 g)
150 g Magerquark
75 g Crème fraîche
1 Päckchen feine Zitronen-
schale (Fertigprodukt)
50 g Zucker, Salz
50 g Rosinen
1 Ei, 20 g Grieß
1 Eigelb
2 EL Milch

 20 Min. +
20–25 Min. Auftauzeit +
25–30 Min. Backzeit

Pro Stück:
ca. 280 Kalorien

<u>Bevor's richtig losgeht:</u>
Das Backblech mit Backpapier auslegen
Die Blätterteigscheiben nebeneinander auf das Blech legen
und auftauen lassen
Den Backofen auf 200° vorheizen

1. Quark mit Crème fraîche, Zitronenschale, Zucker, 1 Prise Salz, Rosinen, Ei und dem Grieß gut vermengen.
2. Eigelb mit der Milch verquirlen, Ränder der Blätterteigscheiben mit etwas Eiermilch bestreichen. Quarkfüllung in die Mitte jedes Quadrates setzen, so daß die Masse gleichmäßig aufgebraucht wird. Die Teigecken zur Mitte klappen. Ränder gut festdrücken. Mit restlicher Eiermilch bestreichen.
3. Im Ofen (Mitte, Umluft 180°) 25–30 Minuten backen.

Casablanca-Cookies
ich steck dich in den Mund, Kleines

Zutaten:

150 g Walnußkerne
(ersatzweise gehackte
Haselnüsse)
Backpapier fürs Blech
200 g Margarine
100 g weiche Erdnußbutter
2 Päckchen Vanillezucker
175 g Zucker, 1 Ei
300 g Mehl
1 Prise Salz
$^{1}/_{2}$ Päckchen Backpulver
200 g Erdnüsse, geröstet
und gesalzen

 20 Min. +
20–25 Min. Backzeit

Pro Cookie:
ca. 150 Kalorien

Bevor's richtig losgeht:
Die Walnußkerne grob hacken
Das Backblech mit Backpapier auslegen
Den Backofen auf 170° vorheizen

1. Margarine mit Erdnußbutter und Vanillezucker schaumig schlagen. Den Zucker zugeben und 2 Minuten weiterschlagen, dabei zum Schluß das Ei unterrühren. Mehl, Salz und Backpulver unterrühren, so daß ein fester Teig entsteht. Nüsse untermengen.
2. Vom Teig mit den Händen walnußgroße Kugeln abnehmen, aufs Blech legen und etwas flach drücken. Etwa 5 cm Abstand halten, denn die Cookies laufen beim Backen auseinander.
3. Blech in den Ofen schieben (Mitte. Umluft 150°) und die Cookies 20–25 Minuten backen.

Draculas Himbeer-Auflauf

essen, bevor die Sonne aufgeht

Zutaten:

300 g tiefgekühlte Himbeeren
1 Ei
2 Eigelbe
130 g Zucker
1 Päckchen Vanillezucker
1 EL Mehl
250 g Crème double (ersatzweise Crème fraîche)
2–3 EL Cointreau (nach Belieben)

 10 Min. +
30 Min. Backzeit

Pro Portion:
ca. 500 Kalorien

Bevor's richtig losgeht:

Die Himbeeren auftauen lassen
Den Backofen auf 190° vorheizen

1. Das Ei mit den Eigelben, Zucker und Vanillezucker gut verrühren, aber nicht schaumig schlagen. Mehl unterrühren und Crème double hinzugeben. Weiterrühren, bis alles gut vermischt ist.

2. Die Himbeeren flach nebeneinander in eine Auflaufform legen, nach Belieben einige zum Dekorieren beiseite legen. Den Cointreau gleichmäßig darüber verteilen. Teig vorsichtig darüber gießen.

3. Auflauf 30 Minuten in den Ofen (Mitte, Umluft 170°) schieben und backen, bis der Teig fest und goldbraun geworden ist. Noch warm servieren. (Nach Belieben mit den zurückbehaltenen Beeren dekorieren.)

GU Rezept-Wegweiser

Seite	Rezepte	gibt's alles bei Aldi	ganz klasse vorzubereiten	super-schnell	für Fleischfreaks	für Gemüsefans	kostet fast nix	fast nix zu tun	mal was echt anderes
8	Frischkäse-Bälle	✓	✓	✓			✓	✓	
8	Crostini in Windeseile			✓			✓	✓	
9	Schiedsrichters Käseröllchen		✓	✓				✓	
10	Bundesliga-Baguettes	✓	✓						
12	Torhüter-Snack		✓				✓		
13	Halbzeit-Brötchen			✓	✓			✓	
14	Stürmers Sauerkrautpäckchen		✓			✓			✓
16	Fan-Gebäck	✓	✓	✓			✓		
17	Schinkenrollen in Verlängerung		✓	✓	✓			✓	✓
18	Weißbrot im Finale		✓						✓
22	Hackfleisch-Ufos		✓		✓	✓			✓
23	Pausentoast	✓		✓			✓	✓	
24	Serienmäßiger Zwiebelkuchen	✓	✓			✓			✓
26	Erdnuß-Muffins	✓	✓	✓		✓	✓		✓
27	Speedy Käse-Muffins	✓	✓	✓			✓		✓
28	Geheimnis im Blätterteig				✓				✓
30	Käsekuchen nach Schloßherrenart		✓			✓			
31	Tatort Oliventörtchen	✓		✓				✓	
32	Herziger Rosenkuchen		✓						✓
34	Wettkönigs Kartoffel-Pizza		✓			✓			✓
35	Käse-Croissants für Kommissare	✓		✓			✓	✓	
38	Tomaten-Chili-Dip		✓	✓		✓	✓	✓	
38	Russische Creme	✓		✓			✓	✓	
39	Zehnkämpfers Ziegenkäse		✓	✓		✓			✓
40	Schafkäse-Dip mit Knoblauch-Doping		✓	✓					✓
42	Sardellen-Dip		✓	✓			✓	✓	

Seite	Rezepte	gibt's alles bei Aldi	ganz klasse vorzubereiten	super-schnell	für Fleischfreaks	für Gemüsefans	kostet fast nix	fast nix zu tun	mal was echt anderes
42	Go Go Dip		✓	✓				✓	✓
43	Multikulti-Sauce		✓	✓		✓	✓		
43	Eier-Creme	✓	✓	✓			✓	✓	
44	Thunfisch-Dip		✓	✓			✓	✓	✓
44	Avocado-Dip			✓		✓			✓
46	Shrimp-Dip	✓	✓					✓	✓
46	Forellencreme	✓	✓	✓			✓	✓	✓
47	Leichtathleten-Dip			✓		✓	✓		
48	Kugelstoßer-Quark		✓	✓					
48	Marathon-Dip		✓	✓		✓			✓
52	Turbostarker Käsesalat					✓			✓
53	Maissalat mit Promille		✓			✓			✓
54	Thunfischsalat Roter Flitzer	✓	✓			✓			✓
56	Hockenheimer Wurstsalat		✓		✓	✓			
57	Kartoffelsalat Nürburgring	✓	✓			✓	✓		
58	Glasnudelsalat		✓		✓	✓			✓
60	Mechanikers Brotsalat		✓			✓			✓
61	Nudelsalat Kamikaze	✓	✓			✓			
62	Kerpener Schichtsalat	✓	✓			✓		✓	
66	Valentino-Mousse	✓	✓				✓		
68	Muffins à la Marilyn		✓	✓			✓	✓	✓
69	Pfirsich-Tiramisu Diva		✓						✓
70	Gruselmeisters Kartoffelküchlein	✓	✓						✓
72	Kultige Quarktaschen		✓					✓	
73	Casablanca-Cookies	✓	✓					✓	✓
74	Draculas Himbeer-Auflauf		✓	✓			✓	✓	✓

Register

Impressum

© 1999 Gräfe und Unzer Verlag GmbH, München

Redaktion: Katharina Lisson, Christine Wehling
Lektorat: Christiane Kührt
Layout und Gestaltung: Claudia Fillmann, independent, Medien-Design
Herstellung: Susanne Mühldorfer
Foodfotos: Studio R. Schmitz
Foodstyling: Rudolf Vornehm
SW-Fotos: Alexander Walter
Illustrationen: Claudia Fillmann
Satz: Filmsatz Schröter, München
Repro: Fotolito Longo
Druck: Appl, Wemding
Bindung: Conzella Urban Meister

ISBN 3-7742-4345-X

Auflage: 4. 3. 2. 1.
Jahr: 02 01 00 99

Die Autorin
Maria Pareth ist Köchin aus Leidenschaft. Für die Fernseh-Sessions mit Freunden hat sie Rezepte kreiert, die mit wenig Aufwand im Supermarkt und in der Küche zu machen sind.

Der Fotograf
Reiner Schmitz begann seine berufliche Laufbahn in Düsseldorf und München als Assistent bei verschiedenen Food- und Stillife-Fotografen. 1989 machte er sich als Foto-Designer in diesen Spezialgebieten selbständig. Die Fotos dieses Buches entstanden in enger Zusammenarbeit mit dem Koch und Foodstylisten Rudolf Vornehm.

Gasherd-Temperaturen
Die Temperaturen bei Gasherden variieren von Hersteller zu Hersteller. Welche Stufe Ihres Herdes der jeweils angegebenen Temperatur entspricht, entnehmen Sie bitte der Gebrauchsanweisung.

Das Original mit Garantie

Ihre Meinung ist uns wichtig. Deshalb möchten wir Ihre Kritik, gerne aber auch Ihr Lob erfahren. Um als führender Ratgeberverlag für Sie noch besser zu werden. Darum: schreiben Sie uns! Wir freuen uns auf Ihre Post und wünschen Ihnen viel Spaß mit Ihrem GU-Ratgeber.

Unsere Garantie: Sollte ein GU-Ratgeber einmal einen Fehler enthalten, schicken Sie uns das Buch mit einem kleinen Hinweis und der Quittung innerhalb von sechs Monaten nach dem Kauf zurück. Wir tauschen Ihnen den GU-Ratgeber gegen einen anderen zum gleichen oder ähnlichen Thema um.

Ihr Gräfe und Unzer Verlag
Redaktion Kochen
Postfach 86 03 25
81630 München
Fax: 089/4 19 81-113
e-mail:
leserservice@graefe-und-unzer.de